1 Ernährung bei Leber - Feuer

Diese Empfehlungen bitte immer mit dem TCM-Ernährungsberater/in, oder TCM-Arzt/in absprechen! Die Rezepte und Zutatenlisten unterstützen die Therapien nach der Traditionellen Chinesischen Medizin.

Die Kalorienangaben frischer Zutaten (Obst und Gemüse) schwanken je nach Qualität und Erntezeit. Die Inhalte wurden von einer Diätologin und einer Ernährungsberaterin für die Traditionelle Chinesische Medizin (TCM) geprüft.

Autor:
©2016 Josef Miligui
www.ebns.at

Titelfoto:
©2008 Erika Weixlbaumer

Quelle:
Die Listen werden aus der TCME-Datenbank für die Ernährungsberatung generiert. Die Datenbank wird von Ernährungsberater, Therapeuten, Ärzte und Gastronomiebetrieben für die Beratung der Patienten/Klienten und Gästen verwendet.

Literaturliste:
Wir haben die Unterlagen als Wissensbasis genutzt und an unsere Erfahrungen angepasst und ergänzt.
http://ebns.at/index.php/de/datenbank/literaturliste

Herstellung und Verlag:
BoD – Books on Demand, Norderstedt
ISBN 978-3-7431-0032-9

TCM - Ernährung bei- Leber - Feuer
(Buch: 220)

2 Definition der möglichen Symptome

Befragen
Allgemein
  Starke Menses, ev. Zwischenblutungen
Durst
  Durst auf kalte Getränke
Emotionen
  Plötzliche starke Emotionen, ungerecht behandelt fühlen
  Zornausbrüche, Reizbarkeit
Empfindung
  Schwindel
Gehör
  Tinnitus
Geschmack
  Bitterer Mundgeschmack
Körper
  Druck hinter Auge
Lebensgewohnheiten
  Alkohol, fette Speisen, viel Fleisch, scharfe Gewürze
Schlafgewohnheit
  Träume, die den Schlaf stören
Schmerzen
  Starke, pochende Kopfschmerzen
Urin
  Dunkler Urin
Verdauung
  Verstopfung mit trockenen Stuhl

Betrachten
Gesicht
  Rotes Gesicht, rote Augen
Haut
  Trocken, rote juckende Ausschläge

Pulsdiagnostik
Puls
  Voll, schnell, saitenförmig

Zungendiagnostik

Zunge
Rot, Ränder, ev. Gelber trockener Belag, denn Feuer trocknet

1 Ernährung bei Leber - Feuer 1
2 Definition der möglichen Symptome 2
3 Therapiestrategie 5
4 Vermeiden 5
5 Speiseplan 5
   5.1 Frühstück 5
   5.2 Jause 6
   5.3 Mittag 6
   5.4 Nachmittag 7
   5.5 Abend 7
   5.6 Jederzeit 8
6 Rezepte 8
   6.1 Acht Schätze Reis 8
   6.2 Antipasti 9
   6.3 Avocado mit Zitrone 10
   6.4 Basmatireis + Zucchini-Tofupfanne 10
   6.5 Birnen Kompott 11
   6.6 Birnensaft 11
   6.7 Bitzschnelle Zucchinisuppe 11
   6.8 Brennnessel mit Mangold Suppe 12
   6.9 Chicoréesalat mit Mandarinen 12
   6.10 Ente mit Mungobohnen 13
   6.11 Gebratener Spargel mit Rucola 14
   6.12 Gemüsenudeln mit Tomatensugo 14
   6.13 Geröstete Hirse mit Stangensellerie 15
   6.14 Gerstenbrei mit gedünsteter Birne 15
   6.15 Gerstenbrei mit Pflaumen 16
   6.16 Grundrezept für eine Hühnerbrühe wärmend 16
   6.17 Gurkensuppe 17
   6.18 Hühnersuppe mit Angelikawurzel und Bocksdornfrüchten 18
   6.19 Humus 18
   6.20 Italienischer Champignonreis 19
   6.21 Kartoffel mit Löwenzahnsalat 20
   6.22 Kompott aus Rhabarber 20
   6.23 Lachs auf Tomate-Spinat 20
   6.24 Melanzani mit Olivenöl und Kurkuma 21
   6.25 Reis mit Pastinake 22
   6.26 Reisbrei mit Hiobsträne (Samen) Yi Yi Ren 22
   6.27 Roher Selleriesalat 23
   6.28 Rote-Bete-Salat mit Salatgurke 23

6.29	Rucolasalat mit Tomaten	24
6.30	Schwarze Bohnen mit Avocado	24
6.31	Selleriesaft	25
6.32	Selleriesalat mit Zitrone und Olivenöl	26
6.33	Sellerie-Tomaten-Salat	26
6.34	Sommersalat	27
6.35	Spargeln an Zitronenpesto	27
6.36	Spinat mit Sesmammus (Tahin)	28
6.37	Spinatgemüse	28
6.38	Tee Birkenblättertee	29
6.39	Tee Grüner	29
6.40	Tee Lavendelblütentee	30
6.41	Tee Malventee	30
6.42	Tee Melissen Tee	30
6.43	Tee Salbeitee	31
6.44	Tee Stangensellerietee	31
6.45	Traubensaft mit heißem Wasser	31
6.46	Weizenfrischkornbrei mit Birnen	32
7	Wirkung der Lebensmittel	33
7.1	Zutaten verwenden: empfehlenswert	33
7.2	Zutaten verwenden: ja	36
7.3	Zutaten verwenden: wenig	37
7.4	Kontraindikativ wirkende Lebensmittel nicht verwenden	39
8	Therapeutische Kräuter und deren Wirkungen	41
9	Kräuter aus den Rezepten und deren Wirkungen	41
9.1	Basilikum (frisch)	41
9.2	Beifuß	41
9.3	Birkenblätter	41
9.4	Bohnenkraut	41
9.5	Brennnessel	42
9.6	Dill	42
9.7	Färberginsterkraut	42
9.8	Hopfen	42
9.9	Koriander	42
9.10	Kresse	42
9.11	Lauchzwiebel Schnittlauch	42
9.12	Lavendelblüten	42
9.13	Lilienzwiebel	43
9.14	Löwenzahn (junger)	43
9.15	Makannasternsamen	43
9.16	Melisse	43
9.17	Odermennig	43
9.18	Oregano getrocknet	43

9.19	Petersilie	43
9.20	Rosmarin	43
9.21	Salbei	44
9.22	Schwarzkümmel	44
9.23	Yamswurzel, Yamswurzelknolle	44
10	Grundlagen der Ernährung	45
10.1	Ernährung	45
10.2	Rezepte	47
10.2.1	Rezepte nach Folge der Elemente kochen	48
10.3	Lebensmittel	48
10.4	Kräuter	50
11	Weitere Ernährungsvorschläge	51
12	EBNS - Software für die Ernährungsberatung	54

3 Therapiestrategie

Feuer kühlen, Leber beruhigen, Feuer absenken. - heiß, warm NEIN (scharfwarm WENIG), sauer WENIG, alles andere JA

4 Vermeiden

Zu fett, zu viel, viel Fleisch, stark gewürzt, scharf, regelmäßig Alkohol, yangisierende Kochmethoden (grillen, braten, frittieren), Kaffee, Zucker, scharfe Gewürze, Yogitee, Knoblauch, Mineral, Wurst, Käse, Schinken, geräuchertes...

5 Speiseplan

Kalorien

5.1 Frühstück

Avocado mit Zitrone	289
Birnensaft	180
Gebratener Spargel mit Rucola	148
Gemüsenudeln mit Tomatensugo	561
Geröstete Hirse mit Stangensellerie	400
Gerstenbrei mit gedünsteter Birne	113
Gerstenbrei mit Pflaumen	106
Gurkensuppe	95
Humus	542
Italienischer Champignonreis	256
Kartoffel mit Löwenzahnsalat	162

Kompott aus Rhabarber 48
Reis mit Pastinake 206
Reisbrei mit Hiobsträne (Samen) Yi Yi Ren 211
Roher Selleriesalat 590
Rote-Bete-Salat mit Salatgurke 245
Rucolasalat mit Tomaten 129
Schwarze Bohnen mit Avocado 263
Selleriesaft 33
Spinatgemüse 263
Tee Grüner 2
Weizenfrischkornbrei mit Birnen 309

5.2 Jause

Humus 542
Reis mit Pastinake 206
Geröstete Hirse mit Stangensellerie 400

5.3 Mittag

Acht Schätze Reis 212
Antipasti 100
Avocado mit Zitrone 289
Basmatireis + Zucchini-Tofupfanne 145
Birnensaft 180
Bitzschnelle Zucchinisuppe 41
Brennnessel mit Mangold Suppe 52
Chicoréesalat mit Mandarinen 256
Ente mit Mungobohnen 746
Gebratener Spargel mit Rucola 148
Gemüsenudeln mit Tomatensugo 561
Geröstete Hirse mit Stangensellerie 400
Gerstenbrei mit gedünsteter Birne 113
Gerstenbrei mit Pflaumen 106
Gurkensuppe 95
Hühnersuppe mit Angelikawurzel und Bocksdornfrüchten 77
Humus 542
Italienischer Champignonreis 256
Kartoffel mit Löwenzahnsalat 162
Kompott aus Rhabarber 48
Lachs auf Tomate-Spinat 364
Melanzani mit Olivenöl und Kurkuma 432
Reis mit Pastinake 206

Reisbrei mit Hiobsträne (Samen) Yi Yi Ren ... 211
Roher Selleriesalat ... 590
Rote-Bete-Salat mit Salatgurke ... 245
Rucolasalat mit Tomaten ... 129
Schwarze Bohnen mit Avocado ... 263
Selleriesaft ... 33
Sellerie-Tomaten-Salat ... 245
Sommersalat ... 281
Spargeln an Zitronenpesto ... 171
Spinat mit Sesmammus (Tahin) ... 150
Spinatgemüse ... 263
Tee Grüner ... 2
Weizenfrischkornbrei mit Birnen ... 309

5.4 Nachmittag

Humus ... 542
Reis mit Pastinake ... 206
Reisbrei mit Hiobsträne (Samen) Yi Yi Ren ... 211

5.5 Abend

Avocado mit Zitrone ... 289
Basmatireis + Zucchini-Tofupfanne ... 145
Birnensaft ... 180
Bitzschnelle Zucchinisuppe ... 41
Gebratener Spargel mit Rucola ... 148
Gemüsenudeln mit Tomatensugo ... 561
Geröstete Hirse mit Stangensellerie ... 400
Gerstenbrei mit Pflaumen ... 106
Hühnersuppe mit Angelikawurzel und Bocksdornfrüchten ... 77
Kartoffel mit Löwenzahnsalat ... 162
Kompott aus Rhabarber ... 48
Lachs auf Tomate-Spinat ... 364
Melanzani mit Olivenöl und Kurkuma ... 432
Reis mit Pastinake ... 206
Reisbrei mit Hiobsträne (Samen) Yi Yi Ren ... 211
Roher Selleriesalat ... 590
Rote-Bete-Salat mit Salatgurke ... 245
Rucolasalat mit Tomaten ... 129
Schwarze Bohnen mit Avocado ... 263
Selleriesaft ... 33
Sellerie-Tomaten-Salat ... 245
Sommersalat ... 281

Spargeln an Zitronenpesto 171
Spinat mit Sesmammus (Tahin) 150
Spinatgemüse 263
Tee Grüner 2
Weizenfrischkornbrei mit Birnen 309

5.6 Jederzeit

Avocado mit Zitrone 289
Birnensaft 180
Geröstete Hirse mit Stangensellerie 400
Kartoffel mit Löwenzahnsalat 162
Kompott aus Rhabarber 48
Selleriesaft 33
Tee Grüner 2
Weizenfrischkornbrei mit Birnen 309

6 Rezepte

empfehlenswert = Sie können mehr verwenden, weniger = wenn möglich weniger verwenden.
TL=Teelöffel, EL=Esslöffel, L=Liter, g=Gramm
M=Metall, W=Wasser, H=Holz, F=Feuer, E=Erde.
(Die Kochanleitung nach den Elementen finden Sie im Kapitel „Rezepte" am Ende des Buches.)

6.1 Acht Schätze Reis

Stärkt Niere und Blase, Baut Qi auf, Stärkt die Milz, Vertreibt Feuchtigkeit, reduziert innere Hitze, beugt Krebs vor, baut Herz auf, beruhigt Nerven.
Kalorien p. Portion 212
Kochdauer ca. 1 Stunde
Thermische Wirkung: neutral

Menge	Zutaten		
1 EL	Lilienzwiebel	empfehlenswert	
1 EL	Longane	weniger als angegeben	
1 EL	Weißwurz		
1 EL	Yamswurzel, Yamswurzelknolle		
1 EL	Hiobsträne (Samen) YiYi Ren	empfehlenswert	
1 EL	Makannasternsamen		
2 Tassen	Reis Wilder (Naturreis)	ja	M
8-10 Tassen	Wasser	ja	E

Kochanleitung:
Je 1 EL: Bai He (Lilienzwiebel), Longan (Longane/Drachenaugenfrucht), Yu Zhu (Wohlriechender Weißwurz-Wurzelstock), Da Zao, Shan Yao (Yamswurzel, Yamswurzelknolle), Lian Mi, Yi Yi Ren (Samen der Hiobsträne), Qian Shi (Makannasternsamen)

Mit heißem Wasser übergießen und ca. 30 Min einweichen. Anschließend: 1 – 2 Tassen Reis (normal) hinzufügen und ½ bis 1 Stunde köcheln, bis der Reis sehr weich ist. Oder: Mit Vollwertreis ca. 3 Stunden lang mit den Kräutern ein Congee kochen. Dann müssen die Kräuter nicht eingeweicht werden.

6.2 Antipasti

Kühlt und bewegt Blut, reduziert äußeren und inneren Wind, reduziert innere Hitze, kühlt Hitze, reduziert Schleim, entspannt, verteilt, nährt Leber-Yin.
Kalorien p. Portion 100
Kochdauer ca. 40 min.
Thermische Wirkung: kühl

Menge	Zutaten		
1 Stück	Peperoni	wenig	F
1 EL	Zitrone Saft	ja	H
1 Stück	Aubergine	ja	E
4 Stück	Tomate	empfehlenswert	H
200 g.	Zucchini	empfehlenswert	E
1/2 Stück	Zitrone Schale	ja	F
1 EL	Olivenöl	empfehlenswert	E
8 Blätter	Basilikum (frisch)	weniger als angegeben	M
1 Prise	Salz	wenig	W
1/2 TL	Koriander	wenig	M

Kochanleitung:
Peperoni im auf 250 Grad vorgeheizten Ofen backen bis die Schale dunkel wird (ca. 20 Min.). Die Peperoni mit Klarsichtfolie zudecken und auskühlen lassen. Peperoni enthäuten und in ca. 2 cm breite Streifen schneiden. Tomaten halbieren und gemeinsam mit den in Scheiben geschnittenen Auberginen mit Öl bestreichen und im Ofen bei 200 Grad goldbraun backen (ca. 10 Min.)
Zucchinischeiben in Grillpfanne (ohne Fett) anbraten.
Alles zusammen anrichten, die Marinade aus Olivenöl, Salz und Zitronenschale mischen und über das Gemüse gießen, mit Koriander bestreuen. 1 Std. ziehen lassen.

6.3 Avocado mit Zitrone

Nährt Yin von Leber, Lunge und Dickdarm, befeuchtet, verteilt, kühlt Hitze, bewahrt die Säfte, zieht zusammen
Kalorien p. Portion 289
Kochdauer ca. 5 Min.
Thermische Wirkung: kalt

Menge	Zutaten		
1/2 Stück	Avocado	ja	E
1/2 Stück	Zitrone Saft	ja	H
1 Prise	Salz	wenig	W

Kochanleitung:
Avocado halbieren, Kern entfernen, Zitronensaft hineingießen, salzen und auslöffeln.

6.4 Basmatireis + Zucchini-Tofupfanne

Diuretisch, wandelt Schleim um, reduziert Hitze, baut Qi auf. Nährt Säfte, harmonisiert Milz und Magen, stärkt Lungen Qi.
Kalorien p. Portion 145
Kochdauer ca. 20 min.
Thermische Wirkung: kühl

Menge	Zutaten		
250 g.	Soja Tofu	empfehlenswert	E
2 EL	Olivenöl	empfehlenswert	E
1/2 TL	Koriander	wenig	M
1/2 TL	Ingwer frisch	wenig	M
1/2 Tasse	Reis Basmatireis	empfehlenswert	M
3 Tassen	Wasser	ja	E
1 Stück	Zucchini	empfehlenswert	E

Kochanleitung:
Tofu würfelig schneiden und mit Olivenöl, Tamari, zerstoßenem Koriander und Ingwer marinieren. Mindestens 1 Stunde ziehen lassen.

Basmatireis mit dem Wasser kochen. Eventuell mit Zwiebel und Kardamom würzen.
Zucchini und Tofu in Pfanne im heißem Öl ca. 5-7 min anrösten.
Reis und Tofu mit Zucchini getrennt auf Teller servieren.
Petersilie dazugeben.

Kann kalt auch als Salat für zuhause und unterwegs genommen werden.

6.5 Birnen Kompott

Befeuchtet Lunge, reduziert Lungenschleim, nährt Lungen Qi.
Kalorien p. Portion 100
Kochdauer ca. 20
Thermische Wirkung: kühl
Therapeutisches Rezept

Menge	Zutaten		
2 Tassen	Wasser	ja	E
4	Birne	empfehlenswert	E

Kochanleitung:
Bio-Birnen halbieren. Kerne und Haut können verwendet werden. Birne in den Topf geben und Wasser dazu. Bis zu 20 min köcheln, bis Birnen weich sind.

6.6 Birnensaft

Befeuchtet Lunge, reduziert Lungenschleim, nährt Lungen Qi.
Kalorien p. Portion 180
Kochdauer ca. 5 min.
Thermische Wirkung: kühl

Menge	Zutaten		
3 Stück	Birne	empfehlenswert	E

Kochanleitung:
Birnen dünn schälen (Vitamine unter der Schale) und entkernen. In der Saftpresse entsaften.

6.7 Bitzschnelle Zucchinisuppe

Reduziert Schleim, bewahrt die Säfte, kühlt Leberhitze, stärkt Magen Qi.
Kalorien p. Portion 41
Kochdauer ca. 10 min
Thermische Wirkung: kühl

Menge	Zutaten		
2-3 Stück	Zucchini	empfehlenswert	E
1 Stück	Zwiebel weiss	wenig	M
2 EL	Maiskeimöl		E
1 EL	Petersilie	weniger als angegeben	H
1 TL	Lauchzwiebel Schnittlauch	wenig	M
1/2 Liter	Wasser	ja	E

Kochanleitung:
Gehackte Zwiebel in Öl andünsten. In Scheiben geschnittene Zucchini dazugeben und gut andünsten. Mit Wasser aufgießen. Petersilie und Schnittlauch grob hacken, hinzufügen und alles pürieren.

6.8 Brennnessel mit Mangold Suppe

Leitet Feuchtigkeit nach unten aus, stärkt Blut, kühlt Leberhitze.
Kalorien p. Portion 52
Kochdauer ca. 30 Min.
Thermische Wirkung: kühl

Menge	Zutaten		
1/2 Kg.	Mangold	ja	E
1 Prise	Salz	wenig	W
1/2 Liter	Wasser	ja	E
1 EL	Olivenöl	empfehlenswert	E
1 Handvoll	Brennnessel		H
1 Prise	Pfeffer (gemahlen)	wenig	M

Kochanleitung:
In einem Topf das Öl erhitzen, die gewaschenen und fein geschnittenen Mangold dazugeben. Salzen und 10 Min. köcheln lassen. Die gehackten Brennnesseln dazugeben und weitere 10 Min. kochen. Pfeffer dazugeben und pürieren.

6.9 Chicoréesalat mit Mandarinen

Erfrischend baut Säfte auf. Bei Blut- und Säftemangel von Herz und Leber, leitet feuchte Hitze nach unten aus. Nicht bei Mitte-Qi-Mangel.
Kalorien p. Portion 256
Kochdauer ca. 10 min.
Thermische Wirkung: kühl

Menge	Zutaten		
4 Stück	Mandarine	wenig	H
2-3 Stück	Chicorée	empfehlenswert	F
2 EL	Sesamöl	empfehlenswert	E
1 Prise	Pfeffer (gemahlen)	wenig	M
1 Prise	Salz	wenig	W
2 TL	Essig Aceto Balsamico		H
1/2 Stück	Orange	ja	H
1/2 Stück	Zitrone	ja	H
1 Prise	Rosenpaprika Pulver		F
1 TL	Orangenmarmelade		H
1 EL	Sahne, süß 30%	wenig	H
6 Scheiben	Weißbrot (Weizenbrot)		H

Kochanleitung:
Mandarinen schälen und in mundgerechte Stücke schneiden; Chicorée grob schneiden und beides vermischen.
Dressing: Sesamöl, Pfeffer, Salz, Himbeeressig oder Balsamico-Essig, etwas Zitronen- oder Orangensaft, Rosenpaprika, Orangenmarmelade oder ersatzweise eine andere Marmelade, wenig süße Sahne gut

durchrühren; über den Salat geben und kurz durchziehen lassen.

6.10 Ente mit Mungobohnen

Nährt Yin. Reduziert Hitze und Gift, weicht auf, leitet nach unten. Stärkt Magen und Leber, reguliert Qi-Fluss, bei, befeuchtet, entspannt, verteilt. Löst Stagnation.
Kalorien p. Portion 746
Kochdauer ca. 2 Stunden
Thermische Wirkung: kühl

Menge	Zutaten		
1/2 Stück	Ente (Frühmastente, schlachtfrisch)	empfehlenswert	H
2 Stück	Zwiebel weiss	wenig	M
1 Stück	Karotte (Mohrrübe, Möhre)	weniger als angegeben	E
1 Zehe	Knoblauch	weniger als angegeben	M
250 g.	Mungobohne	empfehlenswert	W
3 Stück	Pfeffer Körner	wenig	M
1 TL	Honig	ja	E
1 TL	Sojasauce	ja	W
1 TL	Zitrone Saft	ja	H
1 Prise	Salz	wenig	W
1 Prise	Pfeffer (gemahlen)	wenig	M
1 EL	Olivenöl	empfehlenswert	E
2 Blätter	Lorbeerblatt		M
1 Prise	Schwarzkümmel		
1 TL	Bohnenkraut		W

Kochanleitung:
Am Vortag die Mungobohnen einweichen und die Ente kalt abspülen. Das Gemüse waschen, putzen und in grobe Stücke schneiden. Die Enten und das Gemüse in einen Topf geben und knapp mit Wasser bedecken. Lorbeerblätter, Bohnenkraut, Beifuß und Pfefferkörner dazugeben. Bei mittlerer mittlerer Hitze aufkochen und weitere 45 Minuten kochen lassen. Ab und zu abschäumen. Die Ente aus dem Fond nehmen, erkalten lassen und über Nacht kühl aufbewahren.

In einem Topf die gehackten Zwiebel in Olivenöl anschwitzen lassen und mit 1/4 Liter Fond aufgießen und das vorgekochte Gemüse hinzugeben. Die Mungobohnen hinzugeben und mit Honig, Sojasauce, Zitronensaft, Salz, zerstoßenem Schwarzkümmel und Pfeffer abschmecken.

Mit Reis oder Kartoffeln servieren.

6.11 Gebratener Spargel mit Rucola

Nährt Yin von Lunge und Niere, ernährt Yin, baut Qi auf. Stärkt Qi, stärkt Milz. Leitet feuchte Hitze nach unten aus.
Kalorien p. Portion 148
Kochdauer ca. 15 Min.
Thermische Wirkung: kühl

Menge	Zutaten		
1 EL	Butter Bio	empfehlenswert	E
500 g.	Spargel (grün oder weiß)	ja	E
1 Prise	Pfeffer (gemahlen)	wenig	M
1 Prise	Salz	wenig	W
1/4 Stück	Zitrone	ja	H
2 Handvoll	Rucola (Rauke)	empfehlenswert	F
300 g.	Kartoffel	empfehlenswert	E

Kochanleitung:
In einer heißen Pfanne ein Stück Butter schmelzen; geschälten Spargel in 3- 4 cm große Stücke geschnitten etwa 10 Minuten sanft braten, bis er gar, aber noch knackig ist; mit frisch gemahlenem Pfeffer, Salz bestreuen; einige Spritzer Zitronensaft oder fein geriebene Zitronenschale, fein zerrupfte Rucolablätter untermengen.
Kartoffel im reichlich gesalzenem Wasser kochen, dann schälen.

6.12 Gemüsenudeln mit Tomatensugo

Nährt Leber-Yin, produziert. Körpersäfte. Kühlt Blut, reduziert Schleim, befeuchtet, entspannt, baut Qi auf, verteilt.
Kalorien p. Portion 561
Kochdauer ca. 45 Min.
Thermische Wirkung: kühl

Menge	Zutaten		
125 g.	Tomate	empfehlenswert	H
1 Stück	Karotte (Mohrrübe, Möhre)	weniger als angegeben	E
1 Stück	Zucchini	empfehlenswert	E
1 EL	Olivenöl	empfehlenswert	E
1 Stück	Zwiebel Schalotte	weniger als angegeben	M
1 Prise	Oregano getrocknet	weniger als angegeben	M
1 Prise	Salz	wenig	W
1 Prise	Pfeffer (gemahlen)	wenig	M
200 g.	Nudeln (Weizen) mit Ei		H
1 EL	Olivenöl	empfehlenswert	E
2 EL	Creme fraiche		F

Kochanleitung:
Tomaten mit wenig Wasser kochen, abgießen und den Saft auffangen, Tomaten in Stücke schneiden.

Zucchini und Karotte grob raspeln. Olivenöl in einem beschichteten Topf erhitzen. Schalotten darin sehr weich dünsten. Tomaten dazugeben, mit Oregano, Salz und Pfeffer würzen. Tomaten zu einer dicken Soße einköcheln.
Reichlich Salzwasser zum Kochen bringen, die Vollkornnudeln darin bissfest kochen. In der Garzeit der Nudeln in einer beschichteten Pfanne mit Olivenöl erhitzen. Karotten darin unter Rühren braten, leicht salzen. Zucchini dazugeben, unter Rühren kurz anbraten. Die Gemüse sollen weich mit Biss sein.
Nudeln abgießen, abtropfen lassen, mit Creme fraiche vermischen, mit Salz und Pfeffer abschmecken. Mit der Tomatensauce garnieren.

6.13 Geröstete Hirse mit Stangensellerie

Stärkt Milz und Niere, diuretisch. Bewegt Leber-Qi, kühlt Hitze, befeuchtet, entspannt, baut Qi auf, verteilt.
Kalorien p. Portion 400
Kochdauer ca. 30
Thermische Wirkung: kühl

Menge	Zutaten		
1 Tasse	Hirse	empfehlenswert	E
2 Tassen	Wasser	ja	E
2 Stangen	Sellerie Stangensellerie	empfehlenswert	E
1 EL	Kräuter verschiedene		
2 EL	Wasser	ja	E
1 Prise	Salz	wenig	W
3-4 Blätter	Salbei	empfehlenswert	F
1 TL	Kresse	ja	M

Kochanleitung:
Hirse kurz anrösten, mit Wasser übergießen kurz aufkochen und 20 min. quellen lassen.
Stangensellerie klein schneiden und mit Wasser, Salz und frische Kräuter 10 min. kochen und zu der Hirse geben. Frischen Salbei oder Kresse kleingehackt drüberstreuen.

6.14 Gerstenbrei mit gedünsteter Birne

Befeuchtet Lunge, kühlt Hitze, reduziert heißer Lungenschleim, produziert Körpersäfte, befeuchtet, entspannt, baut Qi auf, verteilt.
Stärkt Milz, kühlt Blase, diuretisch, befeuchtet Darm, entspannt, baut Qi auf, verteilt.
Kalorien p. Portion 113
Kochdauer ca. 25 Min.
Thermische Wirkung: kühl

Menge	Zutaten		
10 Tassen	Wasser	ja	E
1 Tasse	Gerste	ja	E
2 Scheiben	Ingwer frisch	wenig	M
3 Kapseln	Kardamom		M
1 Prise Salz	wenig		W
1 Stück	Birne	empfehlenswert	E
1/2 EL	Zucker Ursüße (Zuckerrohr) süß	wenig	E

Kochanleitung:
Die Gerste zu grobem Schrot mahlen und trocken anrösten. Heißes Wasser aufgießen, Ingwer und Kardamom hinzugeben und bei wenig Hitze zu einem Brei quellen lassen. Birne schälen und würfeln und mit wenig Wasser 10 Min. dünsten. Am Ende die gedünstete Birne, etwas Butter und Süßmittel zugeben.

Variante: Wenn es morgens schnell gehen soll, kann man an Stelle von Schrot Gerstenflocken verwenden.

6.15 Gerstenbrei mit Pflaumen

Stärkt Milz, kühlt Blase, diuretisch, befeuchtet Darm, entspannt, baut Qi auf, verteilt. Nährt Blut und Säfte, reguliert Qi, kühlt Leberfeuer, produziert Körpersäfte. Stärkt Qi und Nieren-Jing, befeuchtet, entspannt, baut Qi auf, verteilt.
Kalorien p. Portion 106
Kochdauer ca. 25 Min.
Thermische Wirkung: neutral

Menge	Zutaten		
10 Tassen	Wasser	ja	E
1 Tasse	Gerste	ja	E
1 Tasse	Pflaume	ja	H
2 TL	Butter Bio	empfehlenswert	E
1/2 TL	Zucker Ursüße (Zuckerrohr) süß	wenig	E

Kochanleitung:
Die Gerste zu grobem Schrot mahlen und trocken anrösten. Heißes Wasser aufgießen und bei wenig Hitze zu einem Brei quellen lassen. Am Ende Pflaumen, etwas Butter und Süßmittel zugeben.

6.16 Grundrezept für eine Hühnerbrühe wärmend

Stärkt Qi und Blut; ist sehr wärmend.
Kalorien p. Portion 89
Kochdauer ca. 2-3 Stunden
Thermische Wirkung: warm

Menge	Zutaten		
1/2 Stück	Huhn Fleisch	weniger als angegeben	H
2 Stück	Karotte (Mohrrübe, Möhre)	weniger als angegeben	E
1 Stange	Lauch (Porree)	wenig	M
1 Stück	Sellerie Knolle	empfehlenswert	E
2 Scheiben	Ingwer frisch	wenig	M
1 TL	Bockshornklee	empfehlenswert	F
1 TL	Wacholderbeere	weniger als angegeben	F
3 Stück	Lorbeerblatt	empfehlenswert	M
1 Liter	Wasser	ja	E

Kochanleitung:
Hühnerteile vom Fett befreien, in einem Topf mit heißem Wasser geben und kurz aufkochen lassen, entstehenden Schaum abschöpfen.
Grob geschnittenes Gemüse und alle Gewürze zugeben und 2 – 3 Stunden bei mittlerer Hitze kochen. Fertige Suppe abseihen. Gemüse und Knochen wegwerfen.
Tipp: Wenn Sie das Fleisch als Suppeneinlage weiter verwenden möchten, nach 45 Minuten rausnehmen und nur die Knochen in die Suppe zurückgeben.

6.17 Gurkensuppe

Kühlt und befeuchtet, diuretisch, reduziert feuchte Hitze, entgiftet, entspannt, baut Qi auf, verteilt. Vertreibt Schleim, leitet nach unten, Aktiviert Wei Qi, stärkt Qi.
Kalorien p. Portion 95
Kochdauer ca. 20 min.
Thermische Wirkung: kühl

Menge	Zutaten		
2 EL	Olivenöl	empfehlenswert	E
2 Stück	Gurke	empfehlenswert	E
1/2 Liter	Wasser	ja	E
3 Blätter	Salbei	empfehlenswert	F
1/2 TL	Senf		M
1 Prise	Koriander	wenig	M
1 Prise	Kardamom		M
1 Prise	Salz	wenig	W

Kochanleitung:
Öl erhitzen, die kleingschnittenen Gurken kurz anrösten. Senfkörner, Koriander, Kardamom und Salz dazugeben und kürz dünsten. Mit dem Wasser übergießen. 10-15 min. köcheln lassen. Pürieren und mit frischen gehacktem Salbei dekorieren.

6.18 Hühnersuppe mit Angelikawurzel und Bocksdornfrüchten

Stärkt Milz und nährt das Blut und das Yin der Leber. Stärkt Qi und Blut; ist sehr wärmend.
Kalorien p. Portion 77
Kochdauer ca. 1 1/2 Stunden
Thermische Wirkung: warm

Menge	Zutaten		
1/2 Liter	Grundrezept für eine Hühnerbrühe wärmend	ja	
5 g.	Angelikawurzel		
50 g.	Bocksdornfrüchte (Fructus Lycii) getrocknet		H

Kochanleitung:
Hühnerbrühe laut Grundrezepte. In den letzten 40 Minuten Angelikawurzel und Bocksdornfrüchte mitkochen.

Einnahme: Täglich 2-3 Tassen Brühe trinken.

6.19 Humus

Stärken Milz und Herz, weicht auf, leitet nach unten. Befeuchtet, entspannt, baut Qi auf, verteilt. Nährt Blut. Nährt Blut und Leber, harmonisiert Leber und Milz, stärkt Sehkraft, bewahrt die Säfte, zieht zusammen.
Kalorien p. Portion 542
Kochdauer ca. 2 Stunden
Thermische Wirkung: kühl

Menge	Zutaten		
2 Tassen	Kichererbsen	empfehlenswert	W
1 TL zerrieben	Wakame	empfehlenswert	W
1/4 TL	Ingwer frisch	wenig	M
1 Prise	Rosmarin	weniger als angegeben	F
1 EL	Sesam Paste (Tahini)	ja	E
2 EL	Olivenöl	empfehlenswert	E
1 Spritzer	Zitrone Saft	ja	H
nach Bedarf	Wasser	ja	E
1 Zehe geschabt	Knoblauch	weniger als angegeben	M
1 TL gehackte	Petersilie	weniger als angegeben	H
1 Prise	Paprika	weniger als angegeben	E
1 Prise	Curcuma (Gelbwurz)	weniger als angegeben	
1 Prise	Koriander	wenig	M
1 Prise	Kardamom		M
1 Prise	Chili (Schote oder gemahlen)	weniger als angegeben	M
1 Prise	Pfeffer (gemahlen)	wenig	M
1/2 TL	Salz Kräutersalz		W

Kochanleitung:
Kichererbsen über Nacht oder mind. 6 Stunden einweichen, Einweichwasser weg giessen, in frischem Wasser ca. 1 - 1 ½ Std. mit wenig Meeresalge und Ingwer kochen, erkalten lassen.
Würzen mit einigen Spritzern Zitronensaft, Petersilie.
Klein geschnittener oder gepresster Knoblauch mit Pfeffer würzen, je nach Belieben mehr oder weniger Koriander - und Kardamompulver, wenig Chili-Pulver. Tahin und Olivenöl hinzugeben.

Alle Zutaten zusammen pürieren. Je nach Konsistenz Wasser dazugeben. Es sollte eine geschmeidige Paste entstehen.
Auf Getreideküchlein, Cracker oder getoastetes Brot streichen oder zu Salat genießen.

6.20 Italienischer Champignonreis

Nährt Blut, befeuchtet, entspannt, baut Qi auf, verteilt. Wärmt Magen und Milz, harmonisiert den Darm, stärkt Qi-Funktion, reduziert Feuchtigkeit. Leitet nach oben. Befeuchtet, entspannt, baut Qi auf, verteilt.
Kalorien p. Portion 256
Kochdauer ca. 25 Min.
Thermische Wirkung: kühl

Menge	Zutaten		
2 Tassen	Reis Rundkornreis	ja	M
1/2 Liter	Wasser	ja	E
1 Prise	Pfeffer (gemahlen)	wenig	M
1 Prise	Salz	wenig	W
1 Schuß	Zitrone Saft	ja	H
1 Prise	Rosenpaprika		F
250 g.	Champignon	empfehlenswert	E
1 TL	Olivenöl	empfehlenswert	E
1 TL	Lauchzwiebel Schnittlauch	wenig	M
2 EL	Parmesan	wenig	E

Kochanleitung:
Rundkornreis mit kaltem Wasser aufsetzen und gar kochen; gemahlenen Pfeffer, Salz, reichlich Zitronensaft, Rosenpaprika, etwas Olivenöl oder Butter dazugeben und alles gut durchmengen; reichlich feinblättrig geschnittene Champignons, Schnittlauch oder die grünen Teile der Frühlingszwiebel sowie etwas geriebenen Parmesan vorsichtig unterheben.

Passt zu: Gemüse- und Tofugerichten, Gerichten mit Tomatensoße.

6.21 Kartoffel mit Löwenzahnsalat

Stärkt Qi, stärkt Milz, lindert Entzündungen, befeuchtet, entspannt, baut Qi auf, verteilt. Kühlt Leber-Hitze, reduziert innere Hitze, weicht Knoten auf. Löst Stagnation, leitet nach unten. Nährt Säfte und Jing, baut Qi auf, verteilt.
Kalorien p. Portion 162
Kochdauer ca. 25 min.
Thermische Wirkung: neutral

Menge	Zutaten		
250 g.	Kartoffel	empfehlenswert	E
1/2 Stück	Zwiebel weiss	wenig	M
1 EL	Sonnenblumenöl	empfehlenswert	E
125 g.	Löwenzahn (junger)	empfehlenswert	F
1 Prise	Salz	wenig	W
1 Prise	Pfeffer weiss (gemahlen)	wenig	M

Kochanleitung:
Die Kartoffeln in Salzwasser garen und in dünne Scheiben schneiden. Die Zwiebel fein hacken. Nun die Kartoffeln mit Öl, Salz und Pfeffer würzen und den Löwenzahn hinzugeben und mischen.

6.22 Kompott aus Rhabarber

Kühlt Hitze, bewahrt die Säfte, zieht zusammen. Stärkt Mittleren Erwärmer, befeuchtet.
Kalorien p. Portion 48
Kochdauer ca. 15 Min.
Thermische Wirkung: kalt

Menge	Zutaten		
100 g.	Rhabarber	ja	H
1 Tasse	Wasser	ja	E
1 EL	Honig	ja	E

Kochanleitung:
Rhabarber waschen und klein schneiden. Im Wasser weichkochen. Ein wenig abkühlen lassen und den Honig dazugeben.

6.23 Lachs auf Tomate-Spinat

Nährt Blut und Yin, stärkt Zang-Organe, stärkt Magen-Darm, stärkt Qi und Blut, weicht auf, leitet nach unten, stärkt Milz, lindert Entzündungen, befeuchtet, entspannt, verteilt.
Kalorien p. Portion 364
Kochdauer ca. 1 Stunde
Thermische Wirkung: kühl

Menge	Zutaten		
500 g.	Kartoffel	empfehlenswert	E
1 Prise	Salz	wenig	W
600 g.	Lachs	empfehlenswert	W
2 TL	Rapsöl	empfehlenswert	E
100 g.	Tomate	empfehlenswert	H
700 g.	Spinat	ja	E
1 Prise	Salz	wenig	W
4 EL	Pinienkerne	empfehlenswert	E
120 g.	Lauch (Porree)	wenig	M
4 EL	Olivenöl	empfehlenswert	E
1 Prise	Salz	wenig	W
1 Prise	Pfeffer weiss (gemahlen)	wenig	M

Kochanleitung:
Kartoffel schälen und würfelig schneiden, in Salzwasser garkochen.
Den Lachs in Portionen schneiden und in einer Pfanne von beiden Seiten, sanft mit Salz und Pfeffer gewürzt langsam und gleichmäßig braten, später die Pinienkerne dazugeben und leicht anrösten.
Spinat in Salzwasser blanchieren.
Den klein geschnittene Lauch mit etwas Rapsöl leicht anschwitzen, den blanchierten Spinat dazugeben und gleichmäßig erwärmen.
Kurz vor dem Anrichten die halbierten Cocktailtomaten zum Spinat geben und das Gemüse gut mit Salz und Pfeffer abschmecken.
Das Spinat-Lauch-Tomaten-Bett mit den Kartoffeln anrichten, den Lachs dazugeben und die gesalzenen Pinienkerne darauf streuen.
Das Gericht mit wenig Olivenöl beträufeln und servieren.

6.24 Melanzani mit Olivenöl und Kurkuma

Kühlt und bewegt Blut, reduziert äußeren und inneren Wind, reduziert innere Hitze. Nährt Leber-Yin, kühlt Hitze, produziert Körpersäfte. Befeuchtet, entspannt, baut Qi auf, verteilt.
Kalorien p. Portion 432
Kochdauer ca. 30 Min.
Thermische Wirkung: kühl

Menge	Zutaten		
2 Stück	Aubergine	ja	E
4 EL	Olivenöl	empfehlenswert	E
4 Stück	Tomate	empfehlenswert	H
1/2 TL	Kurkuma (Gelbwurz)		F
1 Prise	Kümmel		E
1 Prise	Salz	wenig	W
4 Scheiben	Weißbrot (Weizenbrot)		H

Kochanleitung:
Melanzani in Scheiben schneiden und mit den Tomaten auf einem Backblech ausbreiten. Mit Olivenöl beträufeln und mit Kurkuma, Kümmel und Salz würzen. Im Rohr 20 min. backen.
Mit dem Weißbrot servieren.

6.25 Reis mit Pastinake

Reguliert Qi, trocknet aus, leitet nach unten. Wärmt Magen und Milz, harmonisiert den Darm, stärkt Qi-Funktion, reduziert Feuchtigkeit. Befeuchtet, entspannt, baut Qi auf, verteilt. Vertreibt Schleim, leitet nach unten, Aktiviert Wei Qi, stärkt Qi.
Kalorien p. Portion 206
Kochdauer ca. 45 Min.
Thermische Wirkung: kühl

Menge	Zutaten		
1 Tasse	Reis Sorte beliebig	ja	M
2 Tassen	Wasser	ja	E
1 Prise	Salz	wenig	W
3-4 Stück	Pastinake	empfehlenswert	F
1 EL	Olivenöl	empfehlenswert	E
1 TL	Salbei	empfehlenswert	F

Kochanleitung:
Pastinake schälen und in Scheiben schneiden. Kurz in Öl anbraten. Reis hinzugeben und kurz anbraten. Mit Wasser übergießen und mind. 30 min. kochen lassen. Mit wenig frischem gehacktem Salbei bestreuen.

6.26 Reisbrei mit Hiobsträne (Samen) Yi Yi Ren

Wärmt Magen, harmonisiert den Darm, stärkt Qi-Funktion, reduziert Feuchtigkeit. Bewegt Qi und Blut, diuretisch, kühlt bei innerer Hitze.
Kalorien p. Portion 211
Kochdauer ca. 2 Stunden
Thermische Wirkung: neutral

Menge	Zutaten		
4 Tassen	Wasser	ja	E
1 Tasse	Reis Sorte beliebig	ja	M
1/4 Stück	Zitrone Schale	ja	F
1/2 Tasse	Hiobsträne (Samen) YiYi Ren	empfehlenswert	
1 EL	Kresse	ja	M

Kochanleitung:
Reisbrei nach Grundrezept und eine halbe Tasse Yi Yi Ren und Zitronenschale mitkochen. 1 Stunde köcheln und danach Kresse drüberstreuen.

6.27 Roher Selleriesalat

Stärkt Magen-Qi, befeuchtet, entspannt, baut Qi auf, verteilt. Kühlt Hitze, nährt Säfte. Kühlt Hitze, hält Säfte, reduziert inneren, Wind, stärkt Magen. Stärkt Qi, stärkt Leber und Niere.
Kalorien p. Portion 590
Kochdauer ca. 15 Min.
Thermische Wirkung: kühl

Menge	Zutaten		
1/4 Stück	Sellerie Knolle	empfehlenswert	E
2 Äste	Sellerie Stangensellerie	empfehlenswert	E
4 EL	Sesamöl	empfehlenswert	E
2 EL	Mandelmus	weniger als angegeben	E
1 Prise	Pfeffer (gemahlen)	wenig	M
1 Prise	Salz	wenig	W
1/2 Tasse	Zitrone	ja	H
1/2 Tasse	Orangensaft	ja	H
1 Prise	Rosenpaprika Pulver		F

Kochanleitung:
Sellerieknolle fein raspeln; Selleriestange in kleine Stücke schneiden; Selleriegrün, falls vorhanden, kleinschneiden, blanchieren und alles zusammengeben.
Dressing: Sesamöl, Mandelmus, Pfeffer, Salz, Zitronen- und frischen Orangensaft, etwas Rosenpaprika gut durchrühren; mit dem Sellerie vermischen und durchziehen lassen.

6.28 Rote-Bete-Salat mit Salatgurke

Nährend und leicht erfrischend, baut Qi, Blut und Säfte auf. Kühlt und befeuchtet, diuretisch, reduziert feuchte Hitze. Reguliert Qi.
Kalorien p. Portion 245
Kochdauer ca. 45 Min.
Thermische Wirkung: kühl

Menge	Zutaten		
4 Stück	Rote Rübe		E
1 Stück	Gurke	empfehlenswert	E
4 EL	Olivenöl	empfehlenswert	E
1 Prise	Zucker Ursüße (Zuckerrohr) süß	wenig	E
1 Prise	Pfeffer (gemahlen)	wenig	M
1 Prise	Pulver	Senfsamen	M
1/2 TL gehackt	Dill	wenig	M
2 Stück	Zwiebel Frühlingszwiebel	wenig	M
1 Prise	Salz	wenig	W
1 Spritzer	Essig (Apfelessig)	weniger als angegeben	H
2 EL	Sauerrahm 15% Fett	wenig	H
1 Prise	Rosenpaprika		F

Kochanleitung:
Rote Bete weichkochen, schälen und würfeln; Salatgurke schälen und würfeln.
Dressing: Olivenöl, etwas Vollrohrzucker, Pfeffer, Senfpulver, Dill, fein geschnittene Frühlingszwiebel, Salz, Essig, etwas Sauerrahm und eine Prise Rosenpaprika verrühren;
die rote Bete unterheben und ziehen lassen; die Gurken erst kurz vor dem Servieren dazugeben, damit sie ihre helle Farbe behalten.
Dazu passt: Hirse, die zusammen mit dem Salat eine einfache, leichte Mahlzeit ergibt.

6.29 Rucolasalat mit Tomaten

Erfrischend, baut Blut und Säfte auf. Nährt Leber-Yin, kühlt Hitze, produziert Körpersäfte. Bewegt Qi, reduziert innere Hitze.
Kalorien p. Portion 129
Kochdauer ca. 10 Min.
Thermische Wirkung: kühl

Menge	Zutaten		
1 EL	Olivenöl	empfehlenswert	E
1 Prise	Pfeffer (gemahlen)	wenig	M
1 Prise	Salz	wenig	W
1 Schuß	Essig (Apfelessig)	weniger als angegeben	H
4 Stück	Tomate	empfehlenswert	H
2 Handvoll	Rucola (Rauke)	empfehlenswert	F

Kochanleitung:
In einer Salatschüssel Olivenöl, frisch gemahlenen Pfeffer, Salz, Essig, in kleine Würfel geschnittene Tomaten verrühren; reichlich fein zerrupfte Rucolablätter untermengen.
Varianten: Walnüsse untermengen. Shiitakepilze in feine Streifen schneiden: Eine Hälfte in etwas Butter braten und zusammen mit der anderen Hälfte roher Shiitake unter den Salat mengen. An Stelle von Shiitake können Champignons verwendet werden.
Dazu passt: getoastetes Brot, Polenta.

6.30 Schwarze Bohnen mit Avocado

Nährend und leicht erfrischend, baut Säfte auf, sättigend. Nährt Yin von Leber, Lunge und Dickdarm, befeuchtet, entspannt, baut Qi auf, verteilt. Stärkt Magen und Niere, Milz und Niere.
Kalorien p. Portion 263
Kochdauer ca. 1 Stunde
Thermische Wirkung: kühl

Menge	Zutaten		
1 Tasse	Schwarze Bohnen		W
4 Tassen	Wasser	ja	E
1 Spritzer	Zitrone	ja	H
1 Prise (Pulver)	Boxhornkleesamen	weniger als angegeben	
1 EL	Sesamöl	empfehlenswert	E
1 TL	Ingwer frisch	wenig	M
2 cm.	Wakame	empfehlenswert	W
1 Schuß	Sojasauce	ja	W
1 Stück	Avocado	ja	E

Kochanleitung:
Vorbereitung am Vortag: 2 Tassen schwarze Bohnen in etwa 6 Tassen kaltem Wasser 6- 8 Stunden einweichen

Danach - ebenfalls am Vortag: Einweichwasser wegschütten; die schwarzen Bohnen mit 4 Tassen frischem kaltem Wasser aufsetzen; einen Spritzer Zitronensaft, etwas Bockshornkleesamenpulver, 1 EL Sesamöl, 1 TL geriebenen Ingwer zufügen; ein Stück Wakame oder 1 EL Hijiki dazugeben; etwa 45 Minuten köcheln lassen; mit dem Pürierstab pürieren; mit reichlich Sojasoße abschmecken.

Am Morgen: ½ Avocado pro Portion schälen und in Schiffchen schneiden; zusammen mit der warmen Bohnenpaste servieren.

Hinweis: Die schwarzen Bohnen können für 2 - 3 Tage vorgekocht werden, um dann mit wenig Aufwand als Frühstück oder für andere Mahlzeiten verwendet zu werden.

6.31 Selleriesaft

Stärkt Magen-Qi, befeuchtet, entspannt, baut Qi auf, verteilt.
Kalorien p. Portion 33
Kochdauer ca. 5 Min.
Thermische Wirkung: kühl

Menge	Zutaten		
1/2 Stück	Sellerie Knolle	empfehlenswert	E
1 Tasse	Wasser	ja	E
1 Prise	Salz	wenig	W

Kochanleitung:
Seller Knolle entsaften und mit Wasser mischen und nach Bedarf salzen.

6.32 Selleriesalat mit Zitrone und Olivenöl

Stärkt Magen-Qi, befeuchtet, entspannt, baut Qi auf.
Kalorien p. Portion 402
Kochdauer ca. 10 Min.
Thermische Wirkung: kühl
Therapeutisches Rezept

Menge	Zutaten		
1/2 Stück	Sellerie Knolle	empfehlenswert	E
1/2 Stück	Zitrone Saft	ja	H
4 EL	Olivenöl	empfehlenswert	E

Kochanleitung:
Sellerie reiben und mit dem Zitronensaft und Olivenöl anrichten.

6.33 Sellerie-Tomaten-Salat

Nährt Leber-Yin, produziert Körpersäfte. Bewegt Leber-Qi, kühlt Hitze, entspannt, baut Qi auf.
Kalorien p. Portion 245
Kochdauer ca. 10 Min.
Thermische Wirkung: kühl

Menge	Zutaten		
3-4 Äste	Sellerie Stangensellerie	empfehlenswert	E
4 Stück	Tomate	empfehlenswert	H
3 Blatt (frischer)	Basilikum	weniger als angegeben	M
3 EL	Joghurt (Natur, 1,5 % Fett)	ja	F
1/2 EL	Olivenöl	empfehlenswert	E
1 EL	Zitrone Saft	ja	H
1 Prise	Salz	wenig	W
1 Prise	Zucker (weiß, aus Rüben)	wenig	E
1 Prise	Pfeffer (gemahlen)	wenig	M
2 EL	Haselnüsse	empfehlenswert	E

Kochanleitung:
Staudensellerie putzen, evtl. Fäden abziehen und in feine Ringe schneiden. Tomaten waschen und würfeln. Für die Sauce Joghurt mit Olivenöl und Zitronensaft verrühren sowie den Gewürzen abschmecken. Vorbereitete Tomaten und Staudensellerie zur Sauce geben und vermischen. Ganze Haselnüsse fein hacken oder gemahlene Haselnüsse über die Frischkost streuen und den Salat mit Basilikumblättern garniert servieren.

6.34 Sommersalat

Nährt Leber-Yin, kühlt Hitze. Löst Schleim, stärkt Xu-Zustände, leitet nach unten. Bewegt Blut.
Kalorien p. Portion 281
Kochdauer ca. 10 Min.
Thermische Wirkung: kühl

Menge	Zutaten		
1 Handvoll	Rucola (Rauke)	empfehlenswert	F
1 Kopf	Radicchio	empfehlenswert	F
2 (gewürfelt)	Tomate	empfehlenswert	H
1 EL	Olivenöl	empfehlenswert	E
2 EL	Oliven	ja	F
1 EL	Essig Aceto Balsamico		H
2 TL	Senf mittelscharf		M
1 TL	Sesam Paste (Tahini)	ja	E
2 EL	Parmesan	wenig	E
1 Prise	Salz	wenig	W
1 Prise	Pfeffer (gemahlen)	wenig	M
2 TL	Rosmarin	weniger als angegeben	F

Kochanleitung:
Den Salat waschen und die Sauce folgendermaßen bereiten: Das Öl, den Balsamico-Essig, den Senf und das Tahini in ein Glas mit Deckel geben und alles gut durchschütteln. Das Dressing mit Salz und Pfeffer abschmecken. Den Salat und die kleingeschnittenen Tomaten mit der Salatsauce und den Oliven mischen, mit Parmesan und zum Schluss mit Rosmarin bestreuen.

6.35 Spargeln an Zitronenpesto

Nährt Yin von Lunge und Niere, produziert Körpersäfte, ernährt Yin, befeuchtet, entspannt, baut Qi auf, verteilt. Kühlt Hitze, hält Säfte, reduziert inneren, Wind, stärkt Magen. Befeuchten Lunge und Dickdarm.
Kalorien p. Portion 171
Kochdauer ca. 20 Min.
Thermische Wirkung: kühl

Menge	Zutaten		
500 g.	Spargel (grün oder weiß)	ja	E
1 Stück	Zitrone	ja	H
1/2 Tasse	Wasser heiss	ja	
1 Prise	Boxhornkleesamen	weniger als angegeben	
2 EL	Olivenöl	empfehlenswert	E
1 EL	Mandeln		E
1 Prise	Zucker Ursüße (Zuckerrohr) süß	wenig	E
1 Zehe	Knoblauch	weniger als angegeben	M

| 1 Prise | Pfeffer (gemahlen) | wenig | M |
| 1 Prise | Salz | wenig | W |

Kochanleitung:
Spargeln waschen, die weißen ganz, die grünen nur am unteren Ende schälen und schräg in etwa 3 cm lange Stücke schneiden. Im Dampfsieb die weißen ca. 12 Min., die grünen ca. 10 Min. garen. Die Zitrone in kleine Stücke schneiden, Kerne entfernen. Die restlichen Zutaten beigeben und zu einer sämigen Sauce pürieren. Die Spargeln anrichten und mit der Zitronenpesto überziehen.
Dazu passt Reis, Bulgur oder Hirse

6.36 Spinat mit Sesmammus (Tahin)

Nährt Blut und Yin, stärkt Zang-Organe, stärkt Magen-Darm, harmonisiert Qi, befeuchtet Lunge. Stärkt Qi, stärkt Milz, lindert Entzündungen, befeuchtet, entspannt, baut Qi auf, verteilt. Nährt Blut.
Kalorien p. Portion 150
Kochdauer ca. 20 Min.
Thermische Wirkung: kühl

Menge	Zutaten		
500 g.	Kartoffel	empfehlenswert	E
1 Prise	Salz	wenig	W
1/4 Liter	Wasser	ja	E
1 Kg	Spinat	ja	E
2 EL	Sesam Paste (Tahini)	ja	E

Kochanleitung:
Kartoffeln kochen und schälen. Wasser erhitzen. Spinat blanchieren. Wasser abschütteln und trocknen lassen und mit Sesammus verrühren.

6.37 Spinatgemüse

Erfrischend, baut Säfte auf, lindert Entzündungen, befeuchtet.
Kalorien p. Portion 263
Kochdauer ca. 10 Min.
Thermische Wirkung: kühl

Menge	Zutaten		
1 EL	Sesamöl	empfehlenswert	E
1/2 Stück	Zwiebel weiss	wenig	M
1/2 Zehe	Knoblauch	weniger als angegeben	M
2 Handvoll	Spinat	ja	E
1 Prise	Pfeffer (gemahlen)	wenig	M
1 Prise	Muskatnuss	weniger als angegeben	M
1 Prise	Salz	wenig	W
4 Stück	Kartoffel	empfehlenswert	E

2 EL	Sauerrahm 15% Fett	wenig	H
1 Prise	Salz	wenig	W

Kochanleitung:
In einem heißen Topf Sesamöl, fein geschnittenen Zwiebel glasig dünsten; wenig Knoblauch mitbraten; in Streifen geschnittenen Spinat etwa 3 Minuten dünsten; gemahlenen Pfeffer, Muskat, Salz, etwas Sauerrahm nach Belieben dazugeben oder den Spinat mit einem großen Klecks Hüttenkäse als Vorspeise servieren.
Nebenbei die Kartoffeln in Salzwasser kochen, dann schälen.

6.38 Tee Birkenblättertee

Kühlt Leber Feuer
Kalorien p. Portion 0
Kochdauer ca. 10 Min.
Thermische Wirkung: kühl
Therapeutisches Rezept

Menge	**Zutaten**		
1/2 Liter	Wasser	ja	E
3 Tl	Birkenlättertee		

Kochanleitung:
Birkenblätter mit kochendem Wasser übergießen, 10 Min. ziehen lassen, 3 mal tägl. 1 Tasse trinken.

6.39 Tee Grüner

Reduziert innere Hitze, löst Schleim, entgiftet.
Kalorien p. Portion 2
Kochdauer ca. 10 Min.
Thermische Wirkung: kühl

Menge	**Zutaten**		
1 TL	Grüner Tee	empfehlenswert	F
1 Tasse	Wasser	ja	E

Kochanleitung:
Pro Tasse verwendet man einen Teelöffel voll oder einen Teebeutel. Grüntee nur mit 60 bis 80 °C heißem Wasser übergießen, da er sonst bitter wird.
Soll der Tee eine anregende Wirkung haben, lässt man ihn zwei bis drei Minuten ziehen. Eher beruhigend wirkt er bei einer Ziehdauer von fünf Minuten (nicht länger, sonst wird er bitter!).
Eine andere Methode: Man übergießt die Teeblätter mit ca. 70 °C heißem Wasser und gießt das Wasser sofort wieder ab. Dann einfach noch mal heißes Wasser nachgießen. Die Bitterstoffe verschwinden und der Tee bekommt ein milderes Aroma.

6.40 Tee Lavendelblütentee

Kalorien p. Portion 0
Kochdauer ca. 10 Min.
Thermische Wirkung:
Therapeutisches Rezept

Menge	Zutaten		
1 TL	Lavendelblüten		
1 Tasse	Wasser	ja	E

Kochanleitung:
Der Lavendelblütentee wird mit siedendem Wasser übergossen und zehn Minuten ziehen gelassen, absieben. Ev. mit Honig süßen.

6.41 Tee Malventee

Bewahrt die Säfte, zieht zusammen. Kühlt Leber-Feuer, Stärkt Magen-Yin. Löst Schleim der Herzporen.
Kalorien p. Portion 0
Kochdauer ca. 10 Min.
Thermische Wirkung: kühl
Therapeutisches Rezept

Menge	Zutaten		
2 Teebeutel	Malventee	wenig	
1/2 Liter	Wasser	ja	E

Kochanleitung:
Wasser zum sieden bringen und wegstellen. Malventee dazugeben und 10 min. ziehen lassen. Ev. mit Honig süßen.

6.42 Tee Melissen Tee

Bewahrt die Säfte, zieht zusammen, Beruhigt Le-Feuer, beruhigt Shen, regt Lungen Qi an.
Kalorien p. Portion 0
Kochdauer ca. 10 Min.
Thermische Wirkung: warm
Therapeutisches Rezept

Menge	Zutaten		
2 TL	Melisse	empfehlenswert	H
1/2 Liter	Wasser	ja	E

Kochanleitung:
Wasser zum sieden bringen und wegstellen. Melisse dazugeben und 10 min. ziehen lassen. Ev. mit Honig süßen.

6.43 Tee Salbeitee

Vertreibt Schleim, leitet nach unten, Aktiviert Wei Qi, stärkt Qi.
Kalorien p. Portion 4
Kochdauer ca. 15 Min.
Thermische Wirkung: neutral
Therapeutisches Rezept

Menge	Zutaten		
2 TL	Salbei	empfehlenswert	F
1/2 Liter	Wasser	ja	E

Kochanleitung:
Wasser zum sieden bringen und wegstellen. Salbei dazugeben und 10 min. ziehen lassen. Ev. mit Honig süßen.

6.44 Tee Stangensellerietee

Bewegt Leber-Qi, kühlt Hitze, befeuchtet, entspannt, baut Qi auf, verteilt.
Kalorien p. Portion 0
Kochdauer ca. 15 Min.
Thermische Wirkung: kühl
Therapeutisches Rezept

Menge	Zutaten		
2 EL gehackte	Sellerie Stangensellerie	empfehlenswert	E
1/2 Liter	Wasser	ja	E

Kochanleitung:
Wasser zum sieden bringen und wegstellen. Kleingeschnittene Stangensellerie dazugeben und 10 min. ziehen lassen. Ev. mit Honig süßen. Beim eingießen abseihen.

6.45 Traubensaft mit heißem Wasser

Kalorien p. Portion 43
Kochdauer ca. 5 Min.
Thermische Wirkung: neutral
Therapeutisches Rezept

Menge	Zutaten		
1 Tasse	Traubensaft rot	empfehlenswert	E
1 Tasse	Wasser	ja	E

Kochanleitung:
Traubensaft mit heißem Wasser aufgießen.

6.46 Weizenfrischkornbrei mit Birnen

Befeuchtet Lunge, kühlt Hitze, reduziert Lungenschleim. Nährt Yin von Herz und Niere, stärkt Herz und Niere. Befeuchtet, entspannt, baut Qi auf, verteilt.

Kalorien p. Portion 309
Kochdauer ca. 25 Min.
Thermische Wirkung: kühl

Menge	Zutaten		
1 Tasse	Weizen	empfehlenswert	H
2-4 Tassen	Wasser	ja	E
2 Stück	Birne	empfehlenswert	E
1 EL	Rosinen	weniger als angegeben	E
1 EL	Sesam, Weißer		E
1 EL	Sonnenblumenkerne	ja	E
1 Prise	Kardamom		M
1 Prise	Salz	wenig	W

Kochanleitung:
Vorbereitung am Vorabend: Weizen grob schroten; über Nacht einweichen.

Am Morgen: Mit etwas heißem Wasser den Weizenschrot aufsetzen; etwa 15 Minuten unter Rühren köcheln; währenddessen, Birnenkompott, Rosinen, zerstoßenen Sesam, Sonnenblumenkerne, etwas gemahlenen Kardamom, eine kleine Prise Salz dazugeben.

Varianten: mit geriebenem Apfel oder mit Obst der Saison.

7 Wirkung der Lebensmittel

7.1 Zutaten verwenden: empfehlenswert

Apfel (süß) 60
Apfelsaft (Naturtrüb) 50
Artischocke 12
Austern 72
Austernschalenpulver .... -
Barsch 121
Bier (Altbier) 43
Bier (Pils) 40
Birne 60
Blattsalate (bitter) 16
Blumenkohl (Karfiol) 27
Brokkoli 33
Buchweizen .... -
Buchweizen (geröstet) Kasha .... -
Butter Bio 754
Calamari 88
Cashewnüsse 600
Champignon 27
Chicorée 16
Chinakohl 16
Chlorella (Süßwasser) .... -
Eisbergsalat 13
Endiviensalat 19
Ente (Frühmastente, schlachtfrisch) 227
Ente (Herz) .... -
Erbse, grün 81
Erdnüsse .... -
Erdnussöl 895
Estragon 52
Feige 78
Feige getrocknet 239
Fischstücke gemischt (Süßwasser) 100
Flaschenkürbis 13
Forelle 105
Gans 342
Gans (Gänseklein) 354
Gemüsesaft 18
Grüner Tee 149
Gurke 13

Haifisch	-
Haselnüsse	656
Hering	234
Hiobsträne (Samen) YiYi Ren	-
Hirse	362
Hirseflocken	369
Holunderblütentee	237
Huhn Ei	154
Huhn Magen	-
Kamillentee	-
Karausche	112
Karpfen	127
Kartoffel	68
Kichererbsen	346
Kokosflocken	604
Kokosraspeln	604
Kombualge	-
Kürbiskerne	597
Kuzu	342
Lachs	130
Lilienzwiebel	-
Linsen rot	77
Linsen schwarz	77
Löwenzahn (junger)	46
Mais	375
Malz	281
Margarine	720
Margarine (Diät)	720
Melisse	-
Morchel (schwarz, getrocknet)	10
Mungobohne	273
Olivenöl	897
Pastinake	22
Pfeilwurzelmehl	-
Pfifferlinge/Eierschwammerl	12
Pinienkerne	674
Pistazien	638
Quinoa	343
Quitte	38
Radicchio	17
Rapsöl	917
Reis Basmatireis	334
Reis Langkornreis	347

Reishi ... 27
Rind Leber ... 121
Roggen ... 312
Roggenmehl ... 312
Römersalat/Lattich-Salat ... -
Rosenkohl ... 29
Rotkohl ... 18
Rucola (Rauke) ... 17
Safran ... 349
Salbei 315
Saubohnen (Dicke Bohnen) ... 309
Sellerie Knolle ... 17
Sellerie Stangensellerie ... 17
Sesamöl ... 896
Shiitake, getrocknet ... 355
Silbermorchel, getrocknet ... -
Soja Tofu ... 72
Sojabohnen, Gelbe ... 418
Sojabohnen, Schwarze ... 418
Sojabohnenmilch ... 31
Sonnenblumenöl ... 898
Steinpilz/Herrenpilz ... 20
Tintenfisch ... 87
Tomate ... 17
Trauben rot ... 73
Traubensaft rot ... 73
Traubensaft weiß ... 73
Vanille ... -
Vanillepulver ... -
Wachtel ... 175
Wachtel Ei ... 154
Wakame ... -
Wassermelone ... 34
Weiße Bohnen ... 112
Weizen ... 321
Weizen Bulgurweizen ... 287
Weizen Flocken ... 321
Weizen Grieß ... 344
Weizen Grieß - Kindergrieß ... 344
Weizen Mehl ... 337
Weizenkeimöl ... 879
Zucchini ... 19

7.2 Zutaten verwenden: ja

Amaranth	374
Aubergine	25
Avocado	233
Bambussprossen	10
Banane	96
Banane Kochbanane	96
Bataviasalat	-
Erbsen	145
Feldsalat	14
Gerste	354
Grapefruit/Pampelmuse/Pomelo	43
Grapefruitsaft	47
Grundrezept für eine Hühnerbrühe wärmend	39
Hase	153
Honig	302
Honigmelone	21
Joghurt (Natur, 1,5 % Fett)	48
Joghurt (Natur, 3,5 % Fett)	68
Kaninchen Leber	-
Karambole/Sternfrucht	31
Kaviar	239
Kiwi	56
Klettenwurzeltee	-
Kopfsalat	17
Krabbe	-
Kresse	38
Löwenzahnwurzeltee	-
Mango	59
Mangold	23
Maulbeerfrucht	36
Meeräsche	113
Meereskrebs	-
Miesmuscheln	51
Mungobohnensprossen	24
Oliven	352
Orange	53
Orangensaft	45
Pflaume	47
Reis Duftreis	351
Reis Roter	-
Reis Rundkornreis	350

Reis Schwarzer	-
Reis Sorte beliebig	351
Reis Süßer	-
Reis Vollkorn	353
Reis Wilder (Naturreis)	353
Reismehl	351
Reisnudeln	109
Rettich schwarz	19
Rhabarber	18
Sauerampfer	27
Schafgarbentee	-
Schwarzaugenbohnen	-
Schwarztee	157
Schwarzwurzel	17
Sesam Paste (Tahini)	663
Sojapaste (Miso)	58
Sojasauce	70
Sonnenblumenkerne	524
Spargel (grün oder weiß)	15
Spinat	16
Süßkartoffel	118
Topinambur / Erdbirne	31
Wasser	-
Wasser heiss	-
Weizen Bier	42
Weizenkleie	172
Zitrone	100
Zitrone Saft	100
Zitrone Schale	-
Zitrone, Limette	95
Zucker Melasse	400

7.3 Zutaten verwenden: wenig

Adzukibohnen	263
Ananas	59
Ananas (aus der Dose)	88
Ananassaft ungezuckert	59
Anis (gemeiner Fenchel)	378
Apfel (sauer)	60
Birnensaft	68
Brombeere	29
Bulgur (Getreide)	-

Buttermilch 41
Clementinen 48
Couscous 345
Cumin (Kreuzkümmel) 411
Dill 43
Dinkel 320
Dinkel Brot 337
Dinkel Grieß 337
Dinkel Vollkornmehl 337
Erdbeere 37
Erdbeersaftgetränk 30
Fasan143
Fencheltee .... -
Frischkäse 274
Heidelbeere 37
Heidelbeersaft 37
Himbeere 34
Himbeere getrocknet (unreife) .... -
Ingwer frisch 49
Johannisbeere (rot) 45
Johannisbeere (schwarz) 54
Johannisbeere (weiß) 38
Kaninchen Fleisch 154
Kefir 50
Koriander 321
Kuhmilch (1,5 % Fett) 45
Kuhmilch (Vollmilch 3,5 % Fett) 64
Lauch (Porree) 75
Lauchzwiebel Schnittlauch 27
Linsen (Helmbohnen) 110
Linsen gelb 77
Lychee 76
Lychee (Konserve) 98
Majoran 46
Malventee .... -
Mandarine 45
Mozzarella 266
Nelke 322
Parmesan 440
Pfeffer (gemahlen) 255
Pfeffer Cayenne 255
Pfeffer Körner 255
Pfeffer weiss (gemahlen) 255

Preiselbeere	46
Preiselbeersaft	23
Quargel 20%	125
Reh Fleisch	160
Sahne, süß 30%	322
Salz	-
Sauerkirsche	58
Sauerkraut	-
Sauermilch	64
Sauerrahm 15% Fett	188
Schwein Fleisch	336
Schwein Haut	-
Schwein Haxe (Eisbein)	194
Schwein Herz	89
Schwein Leber	124
Schwein Magen	-
Stachelbeere	38
Sternanis	-
Taube	-
Topfen 20%	118
Topfen 40%	143
Trauben weiß	73
Weißdorn	-
Wildschwein Fleisch	102
Zucker (weiß, aus Rüben)	400
Zucker braun	406
Zucker Fructose Fruchtzucker	400
Zucker Glukose Traubenzucker	400
Zucker Kandis weiß	400
Zucker Milchzucker	400
Zucker Ursüße (Zuckerrohr) süß	400
Zwiebel Frühlingszwiebel	28
Zwiebel rot	28
Zwiebel weiss	28

7.4 Kontraindikativ wirkende Lebensmittel nicht verwenden

Aal	Bohnenöl
Aprikose	Boxhornkleesamen
Austernpilze	Chili (Schote oder gemahlen)
Basilikum	Curcuma (Gelbwurz)
Basilikum (frisch)	Curry

Datteln getrocknet
Essig (Apfelessig)
Fenchel
Gänseei
Garnele
Getreidekaffee
Granatapfel
Graskarpfen
Grünkern
Hafer
Hafer Flocken (Vollkorn)
Hafer Mehl
Hafer Schmelzlocken (Babynahrung)
Hafer Schrot
Hagebuttentee
Hammel
Hirsch Fleisch
Huhn Fleisch
Huhn Leber
Hummer
Ingwer Pulver
Kabeljau
Kaffee
Kakao
Karotte (Mohrrübe, Möhre)
Karottensaft ohne Zucker
Kastanien (Maronen)
Kirsche
Kirschsaft
Knoblauch
Kohlrabi
Kokosmilch
Kumquat
Kürbis
Kürbiskernöl
Lamm Fleisch
Lamm Knochen
Lamm Schulter
Languste
Liebstöckel
Longane
Mais Grieß (Polenta)

Mandelmilch
Mandelmus
Mandeln Marzipan
Marillen
Mohn
Muskatnuss
Okra
Oregano getrocknet
Papaya
Paprika
Paprika (Rosenpaprika)
Petersilie
Pfirsich
Pfirsich (Dose)
Piment
Pute Brustfleisch
Radieschen
Reismalz
Rettich (weiß, grün, lila-rot)
Rind Filet
Rind Fleisch
Rind Fleischknochen
Rind Magen
Rindfleisch (Kalb)
Rosinen
Rosmarin
Rotwein
Sago (Getreide)
Sake
Sardellen/Sardine
Schaffleisch
Schafskäse
Schimmelkäse
Scholle
Sojaöl
Stangenbohnen (Fisolen)
Thunfisch
Thymian
Umeboshipflaumen (Japanaprikosen)
Wacholderbeere
Walnüsse
Weißwein

Yogitee
Ysop
Ziege
Ziegen- und Schafsmilch
Ziegenkäse

Zimtpulver
Zimtstange
Zwiebel Schalotte

8 Therapeutische Kräuter und deren Wirkungen

Keine definiert.

9 Kräuter aus den Rezepten und deren Wirkungen

9.1 Basilikum (frisch)

Wirkt wohltuend bei Blähungen und Übelkeit, entkrampfend und beruhigend.
Trocknet aus, leitet nach unten.

9.2 Beifuß

Reduziert Blutungen, lindert Schmerzen. In der Küche wird Beifuß als Gewürz für fettes Essen benutzt. Da er viele Bitterstoffe enthält, kurbelt er die Fettverbrennung an und fördert die Verdauung.

9.3 Birkenblätter

Dieser Tee ist harntreibend und hilft bei Nierenleiden, Wassersucht, Gicht und reinigt das Blut, hilft zudem bei bakteriellen und entzündlichen Harnwegserkrankungen, Nierengrieß und rheumatischen Beschwerden.

9.4 Bohnenkraut

Magenstärkend und antibakteriell, beruhigend und appetitanregend. Stärkt die Abwehr.
Tonisiert das Nieren-Yang, das Herz-Qi, den Magen und das Milz-Qi und erwärmt die Mitte, bewegt das Leber-Qi und das Blut, leitet Schleim und Kälte aus der Lunge, öffnet die Oberfläche, leitet Wind-Kälte aus.

9.5 Brennnessel

Fördert Wasserlassen, Tee oder Pflanzensaft wirkt blutreinigend, entschlackend, reinigt die Nieren, unterstützend bei Prostatabeschwerden, hemmen die Bildung von Entzündungsstoffen, wirkt schmerzlindernd.
Senkt Qi ab, trocknet aus, leitet nach unten.

9.6 Dill

Gegen Blähungen, krampflösend bei Magen-Darm-Beschwerden
Bewegt Qi, löst Stagnation, leitet nach oben.

9.7 Färberginsterkraut

Färberginsterkraut wird in der Volksmedizin als Diuretikum (zur Ausschwemmung von Wasser) und zur Förderung der Verdauung angewendet.

9.8 Hopfen

Beruhigend, hormonregulierend, appetitanregend, kräftigt Magen und Darm, harntreibend, schmerzlindernd und krampflösend.

9.9 Koriander

Fördert Verdauung.
Schweiß treibend, reduziert Wind.

9.10 Kresse

Harntreibend, unterstützt das Wasserlassen.
Bewegt Qi und Blut, diuretisch, kühlt bei innerer Hitze, befeuchtet Lunge, löst Stagnation, leitet nach oben.

9.11 Lauchzwiebel Schnittlauch

Bakterizid, beugt Krebs vor, stärkt Magensaftproduktion, fördert Verdauung und Durchblutung, fördert das Wachstum, löst Stagnation.
Leitet nach oben.

9.12 Lavendelblüten

Zentrale Nervensystem, Unruhezuständen, Einschlafstörungen,

Appetitlosigkeit und nervösen Darmbeschwerden.

9.13 Lilienzwiebel

Beruhigt Nerven.

9.14 Löwenzahn (junger)

Entgiftet, lindert Entzündungen.
Kühlt Leber-Hitze, reduziert innere Hitze, weicht Knoten auf.

9.15 Makannasternsamen

Stärkt Milz, lindert Diarrhö, reduziert Ausfluss.

9.16 Melisse

Beruhigenden Wirkung, Einschlafstörungen, Unruhe und Magenbeschwerden, Allergien, Asthma, Migräne und Blähungen, zur Kräftigung nach Erkältungs- und Infektionskrankheiten, Kopfschmerzen, Rheuma und psychische Spannungen.
Bewahrt die Säfte, zieht zusammen, Beruhigt Le-Feuer, beruhigt Shen, regt Lungen Qi an.

9.17 Odermennig

Bei hartnäckigem Rheumatismus, bei Bettnässen, manche Entzündungen im Munde und Milzleiden.

9.18 Oregano getrocknet

Fördert Verdauung
Trocknet aus, leitet nach unten.

9.19 Petersilie

Regt Leberfunktion an, entgiftet.
Nährt Blut und Leber, harmonisiert Leber und Milz, stärkt Sehkraft, bewahrt die Säfte, zieht zusammen.

9.20 Rosmarin

Fördert Verdauung, stärkt Lunge, Milz und Niere.
Trocknet aus, leitet nach unten. Stärkt Herz, Lunge und Milz-Qi, Stärkt Leber-Blut. Stärkt Herz-Yin. Vertreibt Milz Hitze/Kälte Feuchtigkeit.

9.21 Salbei

Trocknet aus, gegen Hefepilzinfektionen.
Vertreibt Schleim, leitet nach unten, Aktiviert Wei Qi, stärkt Qi.

9.22 Schwarzkümmel

entkrampfend, immunregulatorisch. Außerdem soll das Öl die Bildung von Knochenmarkszellen anregen und allgemein Körperzellen vor Viren schützen.

9.23 Yamswurzel, Yamswurzelknolle

Baut Lunge, Milz, Niere auf.

10 Grundlagen der Ernährung

Die hier beschriebenen Grundlagen der Ernährung zeigen allgemeine Empfehlungen und beziehen sich nicht auf eine spezielle Therapieform. Die Empfehlungen der Therapie haben Vorrang.

10.1 Ernährung

Die regelmäßige Einnahme von Mahlzeiten in entspannter Atmosphäre. Ein wärmendes Frühstück gilt als guter Start in den Tag. Mittags sollte die Hauptmahlzeit stattfinden - das Abendessen am frühen Abend.

Die Beachtung von Hunger- und Sättigungsgefühlen: Nicht überessen und nicht hungern, so lautet die Regel.

Die frische Zubereitung der Speisen aus naturbelassenen, regionalen Produkten. Tiefgekühlte, hitzekonservierte, industriell vorgefertigte oder mikrowellengegarte Lebensmittel werden abgelehnt.

Die Auswahl von Lebensmittel nach der Jahreszeit: Im Sommer mehr kühlende Nahrung, im Winter mehr wärmende Nahrung.

Mindestens zweimal am Tag Gekochtes essen. Speisen und Getränke sollen möglichst handwarm, niemals eiskalt oder heiß sein.

Rohkost, kurz gegartes Gemüse, frisch gepresste Säfte und Mineralwasser werden üblicherweise nicht empfohlen. Milch und Milchprodukte stehen nur dann auf dem Speiseplan, wenn sie problemlos vertragen werden.

Therapeutische Rezepte nicht über einen längeren Zeitraum ohne Rücksprache mit dem Arzt oder Therapeuten einnehmen.

1. Vielseitig essen
Lebensmittelvielfalt genießen. Merkmale einer ausgewogenen Ernährung sind abwechslungsreiche Auswahl, geeignete Kombination und angemessene Menge nährstoffreicher und energiearmer Lebensmittel. (Einerseits Schutz vor Unterversorgung mit essentiellen Nährstoffen und andererseits Schutz vor einer überhöhten Zufuhr unerwünschter Inhaltsstoffe.)

2. Reichlich Getreideprodukte - und Kartoffeln
Brot, Nudeln, Reis, Getreideflocken (am besten aus Vollkorn), sowie

Kartoffeln enthalten kaum Fett, aber reichlich Vitamine, Mineralstoffe, Spurenelemente sowie Ballaststoffe und sekundäre Pflanzenstoffe. Diese Lebensmittel sollten mit möglichst fettarmen Zutaten verzehrt werden.

3. Gemüse und Obst - Nimm "5" am Tag ...
5 Portionen Gemüse und Obst am Tag, möglichst frisch, nur kurz gegart, oder auch eine Portion als Saft – idealerweise zu jeder Hauptmahlzeit und auch als Zwischenmahlzeit: Damit werden reichlich Vitamine, Mineralstoffe sowie Ballaststoffe und sekundären Pflanzenstoffe (z.B. Carotinoiden, Flavonoiden) zugeführt. Das Beste, was man für die eigene Gesundheit tun kann.

4. Täglich Milch und Milchprodukte, ein- bis zweimal in der Woche
Fisch; Fleisch, Wurstwaren sowie Eier in Maßen. Diese Lebensmittel enthalten wertvolle Nährstoffe, wie z.b. Calcium in Milch, Jod, Selen und Omega-3-Fettsäuren in Seefisch. Fleisch ist wegen des hohen Beitrags an verfügbarem Eisen und an den Vitaminen B1, B6 und B12 vorteilhaft. Mengen von 300 - 600 g Fleisch und Wurst pro Woche reichen hierfür aus. Fettarme Produkte bevorzugen, vor allem bei Fleischerzeugnissen und Milchprodukten.

5. Wenig Fett und fettreiche Lebensmittel
Fett liefert lebensnotwendige (essenzielle) Fettsäuren und fetthaltige Lebensmittel enthalten auch fettlösliche Vitamine. Fett ist besonders energiereich, daher kann zu viel Nahrungsfett Übergewicht fördern, möglicherweise auch Krebs. Zu viele gesättigte Fettsäuren fördern langfristig die Entstehung von Herz-Kreislauf-Krankheiten. Pflanzliche Öle und Fette bevorzugen (z.B. Raps-, Oliven- und Sojaöl und daraus hergestellte Streichfette). Auf unsichtbares Fett achten, das in Fleischerzeugnissen, Milchprodukten, Gebäck und Süßwaren sowie in Fast-Food- und Fertigprodukten meist enthalten ist. Insgesamt 70 - 90 Gramm Fett pro Tag reichen aus.

6. Zucker und Salz in Maßen
Nur gelegentlich Zucker und Lebensmittel, bzw. Getränke verzehren, die mit verschiedenen Zuckerarten (z.B. Glucosesirup) hergestellt wurden. Kreativ mit Kräutern und Gewürzen und wenig Salz würzen. Jodiertes Speisesalz bevorzugen.

7. Reichlich Flüssigkeit
Wasser ist absolut lebensnotwendig. Jeden Tag rund 1-2 Liter Flüssigkeit trinken. Wasser (ohne oder mit Kohlensäure) und andere kalorienarme Getränke bevorzugen. Alkoholische Getränke sollten nicht konsumiert

werden.

8. Schmackhaft und schonend zubereiten
Die jeweiligen Speisen bei möglichst niedrigen Temperaturen garen, soweit es geht kurz, mit wenig Wasser und wenig Fett - das erhält den natürlichen Geschmack, schont die Nährstoffe und verhindert die Bildung schädlicher Verbindungen.

9. Sich Zeit nehmen und das Essen genießen
Bewusstes Essen hilft, richtig zu essen. Auch das Auge isst mit. Sich beim Essen Zeit lassen. Das macht Spaß, regt an, vielseitig zuzugreifen und fördert das Sättigungsempfinden.

10. Auf das Gewicht achten und in Bewegung
Ausgewogene Ernährung, viel körperliche Bewegung und Sport (30 bis 60 Minuten pro Tag) gehören zusammen. Mit dem richtigen Körpergewicht fühlt man sich wohl und fördert die Gesundheit.
Thermik, Wirkrichtung, Verdauungskraft
Es gibt unterschiedliche Kriterien, die Wirksamkeit von Kräutern und Lebensmittel zu beurteilen. Der Einsatz der Kräuter und Zutaten basiert auf Beobachtung, was die Lebensmittel, Kräuter und Gewürze nach ihrem Verzehr im Körper bewirken. In der Medizin hat sich daraus folgendes System entwickelt: Jede Zutat oder Kraut hat eine Wirkrichtung. Außerdem gibt es noch Kräuter, die eine besondere Wirkung auf bestimmte Organe haben.

Voraussetzung für einen gesunden Stoffwechsel ist es, darauf zu achten, dass wir ausreichend Energie aus der Nahrung gewinnen und der Verdauungsprozess so wenig Energie wie möglich verbraucht. Eine bekömmliche Mahlzeit macht zufrieden und satt, verursacht keine Blähungen und keine Müdigkeit nach dem Essen. Richtiges Würzen erhöht die Bekömmlichkeit unserer Speisen. Es genügen oft schon geringe Mengen an Kräutern und Gewürzen. Sie dienen nicht dazu, uns satt zu machen, sondern helfen unseren Verdauungsorganen, die Nahrung zu verdauen.

10.2 Rezepte

Die Rezepte zeigen Ihnen welche Zutaten verwendet werden, sowie mit der Kochanleitung wie diese zubereitet werden. Bei den Zutaten wird neben den Mengenangaben auch die Wichtigkeit für die Therapie, das Wärmeverhalten sowie das Element angezeigt. Wenn dabei angezeigt wird "weniger als angegeben" versuchen Sie diese Empfehlung einzuhalten oder eine Alternative aus der Liste der "Empfohlenen Lebensmittel" zu finden. Meistens ist es nur eine leichte geschmackliche Änderung wenn Sie diese Zutat gänzlich weglassen.

Schonende Kochmethoden: Kochen, dämpfen, pochieren, dünsten
Scharfe Kochmethoden: Grillen, rösten, anbraten, räuchern
Ausgeglichene Kochmethoden: Frittieren, Römertopf

Auf das Einfrieren und erwärmen in der Mikrowelle sollte verzichtet werden (Denaturierung).

10.2.1 Rezepte nach Folge der Elemente kochen

In der TCM werden die Zutaten der Rezepte möglichst in der Reihenfolge der Elemente verwendet, welches eine erhöhte Bekömmlichkeit und energetische Qualität ergibt. Den Beginn macht die Kochmethode mit der begonnen wird. Wird in einer Pfanne oder Topf etwas erwärmt ist das Element das Feuer. Diese 5 Elemente stehen in Beziehung zueinander und haben eine natürliche Reihenfolge, die den Jahreszeiten entspricht.
Metall - Wasser - Holz - Feuer - Erde.
So stärkt das jeweilige Element das das ihm nachfolgende. Die Zutaten können dann in Gruppen der jeweiligen Elemente beigegeben werden. Es sollten nach Möglichkeit immer alle 5 Elemente in einer Speise vorhanden sein. Das Element mit dem man aufhört, ist am wirksamsten. Das bedeutet, gebe Sie am Ende noch etwas Petersilie über das Gericht, hat es den größten Einfluss auf die Leber, da sowohl Petersilie als auch die Leber zum Holzelement zählen.

Wenn Sie nach dieser Methode kochen wollen, sollten Sie bei einem TCM-Ernährungsberater oder einem TCM-Kochkurs weitere Feinheiten kennen lernen. Grundlagen sehen Sie auf:
https://de.wikipedia.org/wiki/Fünf-Elemente-Lehre

Organ	Element
Leber, Galle	Holz
Herz, Dünndarm	Feuer
Milz, Magen	Erde
Lunge, Dickdarm	Metall
Nieren, Blase	Wasser

10.3 Lebensmittel

In der Traditionell Chinesischen Medizin werden alle Lebensmittel den 5 Elementen Holz, Feuer, Erde, Metall und Wasser zugeordnet.

Lebensmittel wirken wie Heilkräuter auf Körper und Geist, nur wesentlich sanfter. Die Ernährungsberatung stützt sich hauptsächlich auf heimische Lebensmittel. Das Wissen über die Wirkungsweisen jedes einzelnen Lebensmittels und das Wissen wann welche Lebensmittel zur Anwendung kommen, entstammt der Schulmedizin. Verwende Sie möglichst Erzeugnisse aus ökologischen-biologischem Landbau.

Da wegen der besseren Verdaulichkeit grundsätzlich alles lange gekocht und kaum roh gegessen wird, ist die Verträglichkeit hervorragend.

Die Einteilung der Lebensmittel entsprechend ihrer Wirkung auf den Körper und bildet die Basis, um einen ausgewogenen und harmonischen Gesundheitszustand im Körper zu erreichen.

Grundsätzlich empfiehlt die Ernährungsberatung keine bestimmten Lebensmittel für Jedermann. Ausschlaggebend für den individuellen Speiseplan ist vor allem die persönliche Konstitution.

Kaufen Sie nur frisches und reifes Obst und Gemüse ein. Braune Stellen, welke Blätter aber auch unreifes Obst und Gemüse sollten Sie im Supermarkt zurücklassen. Greifen Sie dann zu Tiefkühlware (keine Fertiggerichte!). Tiefkühlobst und -gemüse werden kurz nach dem Ernten schockgefroren und enthalten deshalb oftmals mehr Vitamine und Mineralstoffe, als die Ware aus der Obst- und Gemüsetheke! Konserven- und Dosenware dagegen enthält wesentlich weniger Biostoffe. Zudem werden Letztere meist mit Salz, Zucker usw. angereichert. Lassen Sie die Zutaten nach dem Waschen nie im Wasser liegen, denn so gehen viele Vitalstoffe ins Wasser über! Putzen Sie Salate, Früchte und Gemüse erst unmittelbar vor Verzehr.

Beachten Sie bitte die hygienische Verarbeitung der Lebensmittel. Waschen Sie Ihre Salate, Früchte und Gemüse gründlich. Bei Gerichten mit Fleisch bereiten Sie zuerst die Zutaten vor und verarbeiten dann die Fleischprodukte. Reinigen Sie danach die Arbeitsflächen und Werkzeuge besonders gründlich. Holzunterlagen sollten regelmäßig mit leichtem Desinfektionsmittel behandelt werden um die Keimbildung einzuschränken.

Bewahren Sie Obst und Gemüse möglichst getrennt voneinander auf. Auch geerntete Früchte und Gemüse leben und strömen z.B. Ethylengas aus, das andere Sorten schneller reifen und altern lässt. Fleisch und Fisch in der verschlossenen Verpackung lassen oder in luftdichten Boxen im Kühlschrank aufbewahren.

10.4 Kräuter

Bei der Aufbewahrung und Lagerung von Heilkräutern, müssen gewisse Grundregeln beachtet werden. Grundsätzlich müssen Heilkräuter geschützt vor direkter Sonneneinstrahlung, vor Feuchtigkeit und vor heißen Temperaturen gelagert werden.

Als Gefäße für die Lagerung von Heilkräutern können Gläser, Keramik-Behälter und zur Not auch Plastik-Dosen eingesetzt werden. Plastik ist aber ein sehr unreines Material und sollte daher wirklich nur eine kurzfristige Notlösung sein. Bei Glasbehältern ist darauf zu achten, dass dunkles Glas verwendet wird.

Heilkräuter können nicht beliebig lange aufbewahrt werden. Die Haltbarkeit von Heilkräutern ist auf jeden Fall begrenzt. Durch die Haltbarkeitsdauer kann durch sachgerechte Lagerung wesentlich erhöht werden. So soll der Lagerplatz dunkel, eher kühl und absolut trocken sein. Ein Medizinschrank aus Holz, der nicht direkt bei einer Wärmequelle platziert ist wäre ideal. Um Ihre Heilkräuter nicht wegwerfen zu müssen, kaufen Sie nicht zu große Mengen an Heilpflanzen. Beschriften Sie die Behälter mit dem Namen des Heilkrauts und dem Datum der Ernte bzw. der Verarbeitung.

11 Weitere Ernährungsvorschläge

Folgende Syndrome der Diätetik, der TCM oder als Therapieergänzung bei Krebs sind verfügbar.

DIÄTETIK
1. Ernährung des Säuglings - Beikost
2. Ernährung in der Stillzeit
3. Ernährung im Alter
4. Ernährung von Kindern und Jugendlichen
5. Ernährung von Sportlern
6. Leichte Vollkost
7. Schwangerschaft
8. Vollkost

Eiweiß und Elektrolyt – Nieren
9. (Hämo-)Dialysebehandlung
10. Akutes Nierenversagen
11. Chronische Niereninsuffizienz
12. Nephrotisches Syndrom
13. Nierensteine (Nephrolithiasis)

Gastrointestinaltrakt - Bauchspeicheldrüse
14. Akute Pankreatitis (Entzündung der Bauchspeicheldrüse)
15. Chronische Pankreatitis (Entzündung der Bauchspeicheldrüse)

Gastrointestinaltrakt - Dünndarm und Dickdarm
16. Akute Obstipation (Verstopfung)
17. Chronische Obstipation (Verstopfung)
18. Colon irritabile
19. Divertikulitis
20. Erworbene Laktoseintoleranz (Laktosemalabsorption)
21. Fruktosemalabsorption
22. Glutensensitive Enteropathie (Zöliakie)
23. Kolektomie
24. Kurzdarmsyndrom

Gastrointestinaltrakt - Leber, Gallenblase, Gallenwege
25. Akute und chronische Hepatitis (Entzündung der Leber)
26. Cholelithiasis (Gallensteine)
27. Fettleber
28. Leberzirrhose

Gastrointestinaltrakt - Magen und Zwölffingerdarm
29. Akute Gastritis
30. Chronische Gastritis
31. Magenblutung
32. Ulcus ventriculi und Ulcus duodeni
33. Zustand nach Magenoperation

Gastrointestinaltrakt - Mundhöhle und Speiseröhre
34. Mundschleimhautentzündung
35. Ösophaguskarzinom (Speiseröhrenkrebs)
36. Reflüxösophagitis (Sodbrennen)

spezielle Krankheiten
37. Phenylketonurie (PKU)

38. Rheumatische Gelenkserkrankungen
Stoffwechsel
39. Adipositas (Übergewicht)
40. Diabetes mellitus
41. Essstörungen (Untergewicht)
Fettstoffwechsel
42. Hypercholesterinämie (erhöhter Cholesterinspiegel)
43. Hepatische Enzephalopathie
Herz- und Kreislauf
44. Arteriosklerose (Arterienverkalkung)
45. Herzinsuffizienz
46. Hypertonie (Bluthochdruck)
47. Hyperurikämie und Gicht
veränderter Nährstoffbedarf
48. bei Fieber
49. bei malignen Erkrankungen
50. nach Verbrennungen
51. Strahlen- und Chemotherapie

KREBS
100. Bauchspeicheldrüse
101. Blasenkrebs
102. Blutkrebs (Leukämie)
103. Brustkrebs
104. Darmkrebs
105. Magenkrebs
106. Nierenkrebs
107. Speiseröhrenkrebs

TCM
200. Blase - Feuchte Hitze in der Blase
201. Blase - Feuchtigkeit und Kälte in der Blase
202. Blase - Leere und Kälte in der Blase
203. Dickdarm - äussere Kälte befällt den Dickdarm
204. Dickdarm - Feuchte Hitze im Dickdarm
205. Dickdarm - Hitze blockiert den Dickdarm II akut
206. Dickdarm - Trockenheit des Dickdarms
207. Dickdarm - Yang Mangel (Kälte)
208. Herz - Blut Mangel
209. Herz - Blut Stagnation
210. Herz - Feuer
211. Herz - Heisser Schleim verstopft die Herzporen
212. Herz - Kalter Schleim verstopft die Herzporen
213. Herz - Qi Mangel
214. Herz - Yang Mangel
215. Herz - Yin Mangel
216. Leber - aufsteigender Leber-Yang
217. Leber - Blut-Mangel
218. Leber - Blut-Stagnation
219. Leber - feuchte Hitze in Leber und Gallenblase
220. Leber - Feuer
221. Leber - Gallenblase Qi-Leere
222. Leber - Kälte im Lebermeridian

223. Leber - Qi-Stagnation
224. Leber - Wind
225. Leber - Wind mit aufsteigendem Leber Yang
226. Leber - Wind mit Blutleere
227. Leber - Wind mit extremer Hitze
228. Lunge - Qi Mangel
229. Lunge - Schleim-Feuchtigkeit in der Lunge
230. Lunge - Schleim-Hitze in der Lunge
231. Lunge - Schleim-Kälte in der Lunge
232. Lunge - Trockenheit der Lunge
233. Lunge - Wind-Hitze befällt die Lunge
234. Lunge - Wind-Kälte befällt die Lunge
235. Lunge - Yin Mangel
236. Magen - Blutstagnation
237. Magen - Feuer
238. Magen - Magenkälte mit Flüssigkeit
239. Magen - Nahrungsstagnation
240. Magen - Qi Mangel
241. Magen - rebellierendes Magen Qi
242. Magen - Yin Leere
243. Milz - Hitze und Feuchtigkeit befällt die Milz
244. Milz - Kälte und Feuchtigkeit befällt die Milz
245. Milz - Qi Mangel
246. Milz - Qi Mangel + Absinkendes MilzQi
247. Milz - Qi Mangel + Milz kontrolliert das Blut nicht
248. Milz - Yang Mangel
249. Niere - Herz und Niere kommunizieren nicht mehr
250. Niere - Jing Mangel
251. Niere - Nieren können das Qi nicht empfangen
252. Niere - Qi ist nicht fest
253. Niere - Yang Mangel
254. Niere - Yin Mangel

12 EBNS - Software für die Ernährungsberatung

Die Hauptaufgabe der Datenbank ist eine „**personalisierte Ernährungsberatung**" für jeden Patienten individuell. Die Datenbank wurde für die Diätetik und Traditionellen Chinesischen Medizin entwickelt. Sie Unterstützt bei der Ausbildung und Beratung im Arbeitsalltag.

Das Computerprogramm liefert Listen von Rezepten, Zutaten und Kräuter, welche dem Klienten mitgegeben werden. Individuell nach Patienten-Wunsch von Vollkost bis Vegetarier (Lacto-, Ovo-, ...) einstellbar. Zu jedem Register gibt es ein INFOBLATT welches einmal dem Klienten mitgegeben werden kann.

Die Syndrome sind kombinierbar und ergeben eine Schnittmenge der empfehlenswerten Rezepte und Zutaten. Die automatisierte Diagnose für die TCM ermöglicht Ihnen während der Ausbildung Ihre Erfahrungen zu überprüfen sowie im Arbeitsalltag ihre Diagnose zu bestätigen. Sie wählen mehrere vordefinierte Symptome und lassen sich vom Programm die relevanten Syndrome automatisch anzeigen.

Wie Sie mit der Datenbank arbeiten können:
Sie können alle Werte verändern, neue Symptome oder Syndrome anlegen, Rezepte entwickeln, verändern oder Zutaten und Kräuter an Ihre Erkenntnisse anpassen. In der einfachen Klientenverwaltung werden alle relevanten Daten zu der Person gespeichert. Sie bekommen einen Überblick über die zurückliegenden Diagnosen und die Entwicklung des Krankheitsverlaufes.

Als Berater sparen Sie viel Zeit, wenn Sie für die erkannten Syndrome die Rezept-, Lebensmittel- und Kräuterlisten ausdrucken und den Klienten mitgeben. Diese Zeit können Sie für das persönliche Gespräch nutzen.

Alle Rezept- und Lebensmittellisten können Sie auch als Kombination mehrerer Erkrankungen bestellen. Mit der Datenbank können Sie außerdem für jedes Rezept die Nährstoffe und Spurenelemente angezeigt bekommen und Rezepte für Syndrome selbst mit vorgeschlagenen Zutaten entwickeln.

Weitere Informationen finden Sie auf http://www.ebns.at.
Josef Miligui, Tel.: +43 660 121 05 00